Barack Obama

Presidente de los Estados Unidos

Blane Conklin, Ph.D.

Asesor

Marcus McArthur, Ph.D.
Departamento de Historia
Saint Louis University

Créditos de publicación

Dona Herweck Rice, *editora en jefe*
Lee Aucoin, *directora creativa*
Chris McIntyre, M.A.Ed., *directora editorial*
Torrey Maloof, *editora asociada*
Neri Garcia, *diseñador principal*
Stephanie Reid, *investigadora de fotos*
Rachelle Cracchiolo, M.S.Ed., *editora comercial*

Créditos de imágenes

portada Shutterstock, Inc.; pág. 1 Shutterstock, Inc.; pág. 4 Newscom; pág. 5 The Library of Congress; pág. 6 (arriba) Shutterstock, Inc.; pág. 6 (abajo) Corbis; pág. 7 Corbis; pág. 8 Newscom; pág. 9 The Library of Congress; pág. 10 (arriba) The Library of Congress; pág. 10 (abajo) Shutterstock, Inc.; pág. 11 Newscom; pág. 12 Corbis; pág. 13 (izquierda) dominio público; pág. 13 (derecha) The Library of Congress; pág. 14 (arriba) Newscom; pág. 14 (abajo) Corbis; pág. 15 Getty Images; pág. 16 Newscom; pág. 17 (izquierda) United States Defense Department; pág. 17 (derecha) Flickr; pág. 18 Newscom; pág. 19 Newscom; pág. 20 Shutterstock, Inc.; pág. 21 (izquierda) Newscom; pág. 21 (derecha) Newscom; pág. 22 (arriba, izquierda) The Library of Congress; pág. 22 (arriba, derecha) Shutterstock, Inc.; pág. 22 (abajo) Shutterstock, Inc.; pág. 23 Shutterstock, Inc.; pág. 24 (izquierda) Shutterstock, Inc.; pág. 24 (derecha) Shutterstock, Inc.; pág. 25 Getty Images; pág. 26 Shutterstock, Inc.; pág. 27 Newscom; pág. 28 Newscom; pág. 29 (arriba, izquierda) Newscom; pág. 29 (arriba, derecha) Newscom; pág. 29 (abajo, izquierda) Shutterstock, Inc.; pág. 29 (abajo, derecha) Shutterstock, Inc.; pág. 32 (izquierda) Shutterstock, Inc.; pág. 32 (derecha) Getty Images

Teacher Created Materials

5301 Oceanus Drive
Huntington Beach, CA 92649-1030
http://www.tcmpub.com

ISBN 978-1-4938-1672-9

© 2016 Teacher Created Materials, Inc.

Índice

Cambio en Estados Unidos

El 4 de noviembre del 2008, los estadounidenses eligieron a un nuevo presidente. Se trataba de un **senador** de Estados Unidos del estado de Illinois. Su nombre era Barack Obama.

Apenas unos años antes, la mayoría de los estadounidenses nunca había oído hablar de Barack Obama. Era joven. Había realizado la mayor parte de su trabajo en Chicago. Sabía que postularse para la presidencia sería difícil. Pero tenía una forma de conectarse con las personas. Su mensaje era simple: se necesitaba un cambio en Estados Unidos y el cambio se daría si las personas trabajaban juntas.

Obama **tomó posesión** como el 44.º presidente de la nación el 20 de enero del 2009. Tomó el **juramento del cargo**. Dio un discurso en las escalinatas del Capitolio en Washington D. C. Luego, él y su esposa, Michelle, lideraron un desfile por Pennsylvania Avenue hasta la Casa Blanca.

El presidente Obama da un discurso.

: el Dr. Martin Luther King Jr.

Él tenía un sueño

El Dr. Martin Luther King Jr. una vez soñó con un tiempo en que sus hijos "no serían juzgados por el color de su piel, sino por el valor de su carácter". Barack Obama tampoco quería que las personas votaran a favor o en contra de él debido a su color o raza. Quería que las personas votaran por él, por sus ideas y su carácter.

¿El presidente más joven?

Obama es la quinta persona más joven que se convierte en presidente. Tenía 47 años. La persona más joven que se convirtió en presidente fue Theodore Roosevelt. Tenía 42 años cuando tomó posesión del cargo. La Constitución de Estados Unidos dice que una persona debe ser mayor de 35 años de edad para convertirse en presidente.

Obama fue el primer afroamericano en convertirse en presidente de Estados Unidos. En sí mismo, eso fue un cambio. Pertenecía a un **partido político** diferente del presidente anterior, George W. Bush. Ese fue otro cambio. Pero el hombre en sí, al igual que los 43 presidentes que lo precedieron, tiene su propia historia especial.

Cumpleaños hawaiano

Barack Obama nació en Hawái apenas dos años después de que este se convirtiera en un estado. Era el 50.º estado y entró a la unión el 21 de agosto de 1959.

Una familia grande

La familia de Obama en África es parte del pueblo luo. Este es un grupo **étnico** de más de tres millones de personas en Kenia. El presidente Obama tiene seis medios **hermanos** por parte de su padre y una media hermana por parte de su madre.

: Obama nació en Honolulú, Hawái.

: Obama de niño posa con su papá.

Infancia

Una perspectiva diferente

El padre de Obama era un hombre negro de Kenia, un país de África. Su nombre era Barack Hussein Obama. Le puso este mismo nombre a su hijo. Muchos miembros de su familia eran **musulmanes**. Practicaban la religión del islam. El nombre *Hussein* es muy común entre los musulmanes.

La madre de Obama era una mujer blanca del estado de Kansas. Su nombre era Ann Dunham. Su padre combatió en la Segunda Guerra Mundial. Su madre trabajaba en una fábrica durante la guerra.

Los padres del presidente se conocieron en la Universidad de Hawái en 1960. Obama nació en Honolulú, Hawái, el 4 de agosto de 1961. Mientras era niño no vio mucho a su padre. Su padre se había ido de Hawái para asistir a la Universidad de Harvard. Más tarde, el padre de Obama regresó a Kenia. Murió en un accidente automovilístico cuando Obama tenía 21 años de edad. Su madre vivió hasta 1995, cuando murió de cáncer.

Obama con su madre, Ann Dunham

Nacer en una familia con un padre negro y una madre blanca era algo inusual en la década de 1960. Le dio a Obama una **perspectiva** diferente de la de alguien con padres de la misma raza. Él decía que esto le permitía comprender mejor las diferencias entre los afroamericanos y los blancos en Estados Unidos.

Una niñez diferente

Los padres de Obama se separaron cuando él tenía tan solo dos años. Su madre se casó con un estudiante universitario de Indonesia. Cuando Obama tenía seis años, la familia se mudó a este país extranjero. Asistió a la escuela en Yakarta, la capital de Indonesia.

Obama aprendió rápidamente que el mundo era muy diferente fuera de Hawái. Las gallinas corrían libres por las calles. La gente comía serpientes y perros. Los monos gritaban desde la copa de los árboles. Era un mundo del todo nuevo, con nuevos idiomas, nuevas religiones y nuevas costumbres.

Cuando tenía diez años, Obama regresó a Hawái. A partir de entonces, él y su madre vivieron con sus abuelos. Pero, vivir en un país extranjero le mostró a Obama que el mundo era más grande que lo que había imaginado.

Obama sentado con su media hermana, Maya Soetoro, su madre y su padrastro.

La Marcha sobre Washington por los derechos civiles

Una nueva generación

Obama fue el primer presidente en nacer después de 1946. Todavía no había nacido cuando los afroamericanos estaban luchando por los derechos civiles durante las décadas de 1940 y 1950. Tenía tan solo seis años de edad cuando el Dr. Martin Luther King Jr. fue asesinado.

Rosa Parks

En 1955 en Montgomery, Alabama, una mujer afroamericana se negó a ceder su asiento en un autobús a una persona blanca. Su nombre era Rosa Parks. Fue arrestada por sus acciones. Este fue uno de los eventos más importantes en la historia de los derechos civiles en Estados Unidos. Las personas se indignaron y se unieron para luchar por los derechos civiles. Esto sucedió apenas seis años antes de que Obama naciera.

Muchos líderes afroamericanos han sido de estados del Sur. Allí es donde la lucha por los **derechos civiles** fue mayor. Allí fue donde se combatieron muchas batallas de la Guerra Civil de Estados Unidos. Hawái está muy alejado de todo esto. Obama sintió lo que era pertenecer a una **minoría**. Pero tuvo una experiencia diferente de la de muchos afroamericanos que viven en el Sur.

Andrew Young

Mientras Obama estaba en la escuela secundaria en Hawái, los **políticos** afroamericanos lograron avances importantes. En 1972, Andrew Young fue elegido para formar parte del Congreso por el estado de Georgia. Fue el primer afroamericano de Georgia en ser elegido para formar parte del Congreso desde 1898. El Sr. Young había sido amigo del Dr. Martin Luther King Jr.

Clases para un político

En la Universidad de Columbia, Obama estudió ciencias políticas. Ciencias políticas es el estudio del gobierno y la política. Obama aprendió mucho sobre cómo las personas de diferentes naciones con diferentes gobiernos se relacionan entre sí.

Preparación escolar

Obama no creció en una familia adinerada. Sin embargo, asistió a una escuela muy buena en Honolulú. Allí es donde comenzó a aprender la historia de los afroamericanos en Estados Unidos. Nunca pensó que era extraño que su padre fuera negro y su madre blanca.

Obama se sentía cómodo tanto con personas blancas como con negras. Sin embargo, muchas personas de su entorno se sentían cómodas solamente con personas de su mismo color de piel. Esto era confuso para Obama.

Universidad de Columbia, ciudad de Nueva York

Obama en la escuela secundaria Punahou en Honolulú, Hawái

Obama pensaba mucho en estas cosas. A veces, era demasiado difícil pensar en la raza. Crecer es algo difícil para todos. Lo mismo le pasó a Obama.

Cuando se graduó de la escuela secundaria, Obama fue a la universidad en Los Ángeles, California. En sus primeros dos años, fue a Occidental College. Luego fue a la Universidad de Columbia en la ciudad de Nueva York. Se graduó de Columbia en 1983.

La vida en Chicago

Elección de una profesión

A Obama le preguntaban qué iba a hacer después de la universidad. Él contestaba que quería ser un **organizador comunitario**. No mucha gente sabía lo que eso significaba. Para Obama, significaba ayudar a las personas a mejorar sus vidas. Significaba ayudarlas a aprender a ayudarse a sí mismas.

Después de que Obama se graduó de la universidad, se quedó en la ciudad de Nueva York por dos años más. En 1985, se fue a Chicago, Illinois. Su sueño de ser un organizador comunitario comenzaba a realizarse. Trabajó para mejorar las vidas de las personas en el lado sur de Chicago. Ayudó a las personas que habían perdido sus puestos de trabajo. Las ayudó a aprender nuevas habilidades y encontrar nuevos trabajos. También ayudó a los estudiantes de secundaria a prepararse para la universidad. Obama ayudó a las personas a tener más control sobre el lugar donde vivían.

Obama cuando era presidente de *Harvard Law Review*

Jesse Jackson fue también un organizador comunitario.

Escuela de Derecho de Harvard

Después de tres años en Chicago, Obama decidió volver a estudiar. Pensó que esto haría de él un mejor organizador comunitario. Entonces, fue a la Escuela de Derecho de Harvard en 1988. Obama hizo algo que nunca había hecho ningún afroamericano. Se convirtió en el presidente de *Harvard Law Review*. *Harvard Law Review* es un periódico que publican los estudiantes de Harvard. Incluye artículos legales sobre la Corte Suprema. Este fue un honor importante y llevó a Obama a las noticias nacionales.

Un modelo a seguir

Una de las personas que trabajó a favor de los derechos civiles con el Dr. Martin Luther King Jr. fue Jesse Jackson. Era un organizador comunitario. Jackson ayudó a mejorar la vida de las personas en las grandes ciudades. En 1984, se postuló para la presidencia de Estados Unidos. Cuando Obama era un estudiante universitario, escuchó a Jackson hablar en la ciudad de Nueva York.

Un libro de sueños

Después de ir a la escuela de derecho, Obama escribió su primer libro. Se llama *Los sueños de mi padre*. En él, cuenta la historia de su vida. Cuenta sobre la lucha para darle sentido a su vida como estadounidense multirracial.

Oprah Winfrey

Chicago es el hogar de Oprah Winfrey. Ella se hizo popular durante la época en que Obama vivía en la ciudad. Es una empresaria exitosa. De hecho, fue la afroamericana más rica del siglo xx. Más tarde ayudó a Obama con su candidatura a la presidencia.

La señora Obama

La señora Obama se graduó de la Escuela de Derecho de Harvard en 1988. Al igual que su esposo, sabía que quería ayudar a otros en su comunidad. Uno de los trabajos de la señora Obama fue como decana adjunta de servicios estudiantiles de la Universidad de Chicago. Como decana adjunta, ayudó a iniciar el primer programa de **servicio comunitario** de la universidad.

El comienzo de una familia

Mientras Obama estaba en la escuela de derecho, pasaba los veranos en Chicago. Allí, trabajó para un bufete de abogados. Ese primer verano de 1989, conoció a Michelle Robinson. Ella trabajaba en el mismo bufete. En 1992, Robinson y Obama se casaron.

Cuando Obama terminó la escuela de derecho en 1991, regresó a Chicago. Obama continuó trabajando como organizador comunitario. Pero ahora, lo hacía como abogado. Trabajó para garantizar los derechos civiles de las personas en Chicago. También trabajó para ayudar a mejorar los vecindarios de la ciudad.

: El señor y la señora Obama el día de su boda

Obama con su esposa, Michelle, y sus hijas, Sasha y Malia

Para esta época, Obama también era profesor universitario. Daba clases de derecho en la Universidad de Chicago. Lo hizo desde 1992 hasta el 2004. Dio clases sobre la Constitución de Estados Unidos.

Los Obama tuvieron dos hijas que nacieron en Chicago. En 1998, nació su primera hija, Malia. Su segunda hija, Sasha, nació en el 2001. La familia Obama vivió en el vecindario de Hyde Park de Chicago. Queda en el lado sur de la ciudad. La Universidad de Chicago está ubicada en esta área.

Voto por Obama

Candidatura para el Senado estatal

En 1996, Obama se postuló para un cargo público por primera vez. Quería que la gente votara por él en una **elección**. Ganó y fue elegido para formar parte del Senado Estatal de Illinois. Como senador estatal, Obama ayudó a crear leyes para el estado de Illinois. Una de las leyes tenía como objetivo luchar contra la **corrupción**. Algunos políticos creaban leyes que solo ayudaban a las personas que les daban dinero. Esta ley intentó detener eso. Obama también colaboró con leyes que ayudaron a las familias pobres y trabajadoras.

Obama fue reelegido para el Senado de Illinois en dos ocasiones. Ayudó a aprobar leyes para la atención de la salud y los derechos de los trabajadores. Obama fue senador estatal hasta el 2004.

Obama fue senador estatal en Illinois.

Condoleezza Rice

Dos primeros

Durante la presidencia de George W. Bush, dos afroamericanos se desempeñaron como secretarios de estado. Colin Powell fue el primer afroamericano en desempeñarse como secretario de estado. Condoleezza Rice fue la segunda. También fue la segunda mujer en ocupar ese puesto.

Señor alcalde

El primer afroamericano en ser alcalde de Chicago fue Harold Washington. Fue el alcalde desde 1983 hasta su muerte en 1987. Obama trabajaba como organizador comunitario en Chicago en esa época.

En el 2000, Obama se postuló para ocupar una banca en la **Cámara de Representantes**. Perdió en esas elecciones frente a otro **candidato** afroamericano, **Bobby L. Rush**. La mayoría de las personas que votaron en esas elecciones eran afroamericanas. Muchas de esas personas pensaban que Obama no sabía lo suficiente sobre sus vidas. Aunque Obama es afroamericano, muchos afroamericanos tienen una historia muy diferente. Muchos son descendientes de esclavos africanos que fueron traídos a Estados Unidos hace cientos de años. Obama sabía que tenía que convencer a los afroamericanos de que los comprendía y entendía sus problemas.

Frase famosa

Esta es una frase famosa del discurso de Obama del 2004: "No existe un Estados Unidos negro y un Estados Unidos blanco y un Estados Unidos latino y un Estados Unidos asiático: solo existen los Estados *Unidos* de América".

Senador estatal y senador de Estados Unidos

Un senador estatal representa a su estado a nivel local. Un senador de Estados Unidos representa a su estado a nivel federal. Esto significa que el senador viaja a Washington D. C. y trabaja con los senadores de los otros estados. Hay solo dos senadores de Estados Unidos por estado.

Obama da un discurso en la Convención Demócrata del 2004.

Estados Unidos, les presentamos a Obama

En el 2004, Obama se postuló para un nuevo cargo. Quería ser senador de Estados Unidos. Hay 100 senadores, dos por cada uno de los 50 estados. Quería ser uno de los dos senadores de Illinois. Otra elección también se llevaba a cabo en el 2004, la elección presidencial de Estados Unidos. Ese verano, los dos partidos políticos se reunieron para **nominar** a su candidato. El Partido Republicano nominó a George W. Bush. El Partido Demócrata nominó a John Kerry.

En la reunión de los demócratas, a Obama le dieron la oportunidad de hablar. Para entonces, casi nadie fuera de Chicago había oído hablar de Obama. Fue una excelente manera de hacer que la gente conociera más sobre él. Obama dio un convincente discurso. Fue muy bien recibido. Con ese discurso, causó **sensación**. La gente quería saber más sobre Obama. Muchos comenzaron a preguntarse si Obama podría algún día postularse para la presidencia.

En el discurso, Obama contó la historia de su vida. Habló sobre cómo Estados Unidos prometía oportunidades y libertad. Dijo que esta historia era únicamente posible en Estados Unidos. Dijo que los estadounidenses no debían dejar que sus diferencias fueran un impedimento para hacer de Estados Unidos un lugar mejor para todos.

John Kerry y George W. Bush se postularon para la presidencia en el 2004.

Senador Obama

Obama ganó la elección en el 2004. Se había convertido en senador de Estados Unidos por Illinois. Era el único afroamericano del Senado. ¡Fue el tercer afroamericano en ser elegido para formar parte del Senado en más de 120 años!

Este nuevo cargo llevó a Obama a Washington D. C. Pero como los senadores representan a las personas de su estado, también pasaba mucho tiempo en Illinois. Su familia permaneció en Chicago. Obama alquiló un departamento en Washington. Se quedaba allí cada vez que tenía que estar en la capital.

El mandato de un senador de Estados Unidos dura seis años. Obama prestó servicio por menos de cuatro años porque en 2008 fue elegido presidente de Estados Unidos. Durante sus cuatro años en el Senado, Obama ayudó a redactar una ley para reducir ciertos tipos de armas militares. Aprobó una ley que ayudó a las personas a conocer cómo gasta el dinero el gobierno. En muchas de sus tareas, el senador Obama trabajó con senadores de otros partidos políticos. Su creencia es que el cambio verdadero solo llega cuando las personas se escuchan entre sí y trabajan juntas.

El edificio del Capitolio de Washington D. C. es el lugar donde se reúnen los senadores.

la senadora de Estados Unidos, Carol Moseley-Braun

La famosa primera

La segunda afroamericana en ser elegida para formar parte del Senado desde la década de 1870 era también de Illinois. En 1992, Carol Moseley-Braun fue elegida para formar parte del Senado de Estados Unidos. Fue la primera mujer afroamericana en convertirse en senadora. También fue la primera mujer senadora de Illinois.

Un libro de esperanza

Obama escribió su segundo libro en el 2006. Reflejaba las ideas que presentó en su discurso del 2004. El título del libro es *La audacia de la esperanza*.

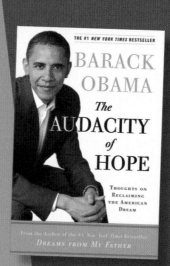

el presidente Abraham Lincoln

Obama da un discurso durante las
elecciones primarias.

El discurso de Lincoln

El famoso discurso que
Abraham Lincoln dio en 1858
se llama "Una casa dividida". En
él, habla sobre el conflicto en
torno a la esclavitud que ocurría
en la nación. Citó la Biblia, que
dice: "Una casa dividida contra sí
misma, no puede permanecer".

Otro primero

Obama ganó la nominación
presidencial por el Partido
Demócrata. Fue la primera
vez que un afroamericano era
nominado por uno de los grandes
partidos políticos.

la senadora Hillary Clinton

Una larga carrera hacia la Casa Blanca

Elecciones primarias

Después de ser senador de Estados Unidos por solo dos años, Obama anunció que se postularía para ser presidente de Estados Unidos. Era febrero del 2007. Faltaban casi dos años para la elección presidencial. Obama hizo el anuncio en Springfield, Illinois. Fue en el mismo lugar donde Abraham Lincoln dio un famoso discurso en 1858.

La **campaña** para ser presidente comienza con las **elecciones primarias**. Durante este tiempo, cada partido político tiene elecciones más pequeñas en varios estados diferentes. De esta forma, cada lado elige quién se postulará como candidato en la **elección general**. Por el Partido Demócrata, había muchas personas postuladas que compitieron entre sí en las elecciones primarias. Una de estas personas fue Hillary Clinton, la esposa del expresidente Bill Clinton. Era senadora del estado de Nueva York.

Después de más de un año de elecciones primarias, se tomó una decisión. El senador Obama había ganado más votos que la senadora Clinton. Obama sería el candidato demócrata en la elección general de noviembre del 2008. El candidato republicano sería el senador John McCain del estado de Arizona.

el senador John McCain

¿Obama o McCain?

En el verano del 2008, los dos partidos políticos habían elegido a sus líderes. Por los demócratas, estaba el senador Barack Obama de Illinois. Por los republicanos, estaba el senador John McCain de Arizona.

Los dos candidatos se esforzaron para que la gente votara por ellos. Hicieron publicidad por televisión. Dieron discursos por toda la nación. Eligieron a sus compañeros de campaña. Estas eran las personas que serían vicepresidente. Obama eligió al senador Joseph Biden de Delaware. McCain eligió a la gobernadora Sarah Palin de Alaska.

el senador Joseph Biden

la gobernadora Sarah Palin

Obama da su discurso de la victoria.

El discurso de la victoria

Esta es una cita del discurso de Obama en la noche electoral, el 4 de noviembre del 2008: "Porque esa es la verdadera genialidad de Estados Unidos: que sea un país capaz de cambiar. Nuestra unión puede perfeccionarse. Y lo que ya hemos logrado nos da esperanza para lo que podemos y debemos lograr mañana".

¿Ninguno de los anteriores?

Casi dos millones de personas votaron por otros candidatos a la presidencia. Estos candidatos incluían a Ralph Nader, Bob Barr y Cynthia McKinney. La Sra. McKinney representó al Partido Verde. Fue la primera mujer afroamericana elegida para formar parte de la Cámara de Representantes por el estado de Georgia.

Obama y McCain tuvieron tres **debates**. En estos debates, discutían sobre quién sería mejor para dirigir la nación. Debatieron sobre la guerra en Irak. Debatieron sobre quién tenía mejores ideas para el medio ambiente y la atención de la salud. Debatieron sobre quién sería mejor para la **economía**.

El 4 de noviembre del 2008, el pueblo finalmente decidió. Casi 70 millones de personas votaron por Obama. Casi 60 millones de personas votaron por John McCain. El ganador fue Obama. Era el primer afroamericano en convertirse en presidente de Estados Unidos.

El presidente Barack Obama

La elección de un presidente tiene lugar en noviembre. Pero la persona elegida de hecho no se convierte en presidente hasta el día de la ceremonia de toma de posesión. Esta se lleva a cabo el 20 de enero del año siguiente a la elección.

El 20 de enero del 2009, más de un millón de personas asistieron a la celebración en Washington D. C. Millones más vieron la toma de posesión por televisión y en Internet. Los expresidentes asistieron a la ceremonia, entre ellos el presidente George W. Bush. Este fue su último día como presidente. Asistieron los miembros de la Corte Suprema y del Congreso. Había músicos famosos, poetas y muchas otras celebridades también.

Obama jura como presidente de Estados Unidos.

Había más de un millón de personas en la toma de posesión presidencial en Washington D. C.

El nuevo presidente tenía por delante muchos grandes desafíos. La economía de Estados Unidos estaba en **crisis**. La nación estaba en medio de dos guerras: una en Irak y la otra en Afganistán. El **terrorismo** era una amenaza constante. Estados Unidos también trataba de resolver problemas de energía. El mundo intentaba hacer frente al **calentamiento global**.

El presidente Obama dijo que todos en Estados Unidos debían trabajar juntos para afrontar estos desafíos. El presidente se enfrentaba a un camino largo y difícil. Pero para Barack Obama, su familia y toda la nación, este día en particular era un día para celebrar.

El presidente Barack Obama y los miembros del equipo de seguridad nacional reciben lo último sobre la misión para encontrar a Osama bin Laden.

Nuevos desafíos

Esta es una cita del discurso de toma de posesión del presidente Obama: "Nuestros desafíos puede que sean nuevos... pero esos valores de los cuales depende el éxito: honestidad, trabajo duro, valentía y juego limpio, tolerancia y curiosidad, lealtad y patriotismo, esas cosas son viejas. Esas cosas son verdaderas".

Momento de definición

Un momento importante para el presidente Obama y Estados Unidos llegó el 1.º de mayo del 2011. Después de casi 10 años de búsqueda, el terrorista responsable de los ataques del 11 de septiembre del 2001, Osama bin Laden, fue encontrado y asesinado.

Hogar, dulce hogar

La vida hogareña es muy diferente para un presidente y su familia. Tienen que vivir en la Casa Blanca. La Casa Blanca no es una casa típica. Tiene su propio gimnasio y cancha de tenis. ¡Hasta tiene una bolera y una sala de cine! Hay 132 habitaciones y 35 baños. Pero los Obama han intentado hacer de la Casa Blanca un hogar para sus dos hijas.

Mientras viven en la Casa Blanca, Malia y Sasha viven como los demás niños. Tienen que hacer las tareas de la casa. Tienen que limpiar sus habitaciones, así como lo hacían cuando vivían en Chicago. Van a la escuela y hacen las tareas. Pero también se divierten. Sus amigos las han visitado para fiestas y para quedarse a dormir.

Como esposa del presidente, Michelle Obama es la primera dama de Estados Unidos. En la Casa Blanca, se ha esforzado para enseñar a sus hijas sobre la importancia de una buena salud y nutrición. La ayudaron a plantar un huerto en la Casa Blanca. Proporciona alimento **orgánico** para las comidas de la familia. También se usa para ayudar a alimentar a las familias necesitadas en Washington D. C.

La señora Obama trabaja en el huerto con estudiantes voluntarios

Bo

El presidente Obama y la primera dama, Michelle, y sus hijas, Sasha y Malia

El primer cachorro

El presidente Obama prometió a sus hijas que les regalaría un perro cuando terminara la carrera para llegar a la presidencia. Su sueño se hizo realidad cuando consiguieron a Bo, un perro negro lanudo con patas blancas. Bo es un perro de agua portugués.

¡Luces, cámara, acción!

Si alguna vez se hiciera una película sobre la vida del presidente Obama, ¿qué actor representaría mejor al presidente? Al propio presidente le gustaría el actor Will Smith para interpretar el papel. Dice que tiene las orejas perfectas para ello.

el actor Will Smith

el presidente Obama

Glosario

calentamiento global: cambios en el clima de la Tierra debido a la contaminación

Cámara de Representantes: la rama legislativa más baja del gobierno de los Estados Unidos

campaña: todo el esfuerzo que realiza una persona para participar en una elección

candidato: una persona que participa en una elección; alguien por quien se puede votar en una elección

corrupción: acciones que están en contra de la ley; comportamiento deshonesto

crisis: una emergencia

debates: discusiones o argumentos entre dos o más personas sobre ciertos temas

derechos civiles: los derechos que todo ciudadano debe recibir; todos los derechos prometidos en la Constitución de Estados Unidos

economía: todo lo relacionado con el dinero, el trabajo, las compras y las ventas

elección: un evento en el que las personas votan por candidatos para un cargo

elección general: la elección final entre los candidatos de diferentes partidos

elecciones primarias: elecciones más pequeñas entre candidatos del mismo partido

étnico: un grupo de personas que tienen características similares

hermanos: hermanos o hermanas

juramento del cargo: una promesa de obedecer las leyes y comportarse como debe hacerlo un líder

minoría: un grupo más pequeño de personas dentro de un grupo mayor

multirracial: alguien que tiene padres de diferentes razas

musulmanes: personas que siguen la religión del islam

nominar: elegir un candidato para que represente a un partido

orgánico: un alimento que no fue tratado con sustancias químicas producidas por el hombre

organizador comunitario: alguien que trabaja para mejorar las vidas de las personas en una comunidad

partido político: un grupo de personas que comparten ciertas creencias e ideas sobre cómo liderar

perspectiva: un punto de vista; una forma de ver las cosas

políticos: personas que son elegidas, o quieren ser elegidas, para ocupar un cargo

senador: un miembro elegido del senado que hace leyes

sensación: una causa de entusiasmo

servicio comunitario: un trabajo que se realiza de forma gratuita por el bien común de la sociedad

terrorismo: el uso de violencia y amenazas para alcanzar un objetivo

tomó posesión: dio juramento para comenzar el mandato de un presidente

Índice analítico

¡Tu turno!

El 20 de enero del 2009, más de un millón de personas se reunieron en Washington D. C. para celebrar la toma de posesión de Barack Obama. Ese día, Obama se convirtió en el primer presidente afroamericano de Estados Unidos.

Avance rápido

Imagina que un día en el futuro tu hijo o hija ven un videoclip de la toma de posesión de Barack Obama. Podría preguntar: "¿Por qué fue tan importante ese día?". Escribe la respuesta que le darías. Usa datos de la lectura para hacer que tu explicación sea clara.